Del escritor de **"Buenas |**

CARLOS

GW01451379

Anomalía

VOLUMEN 2

Sueños...sigue tus sueños.
Pero también sígueme a mí.

YouTube: Carlos Lerma
Instagram: @carloselerma
Twitter: @carloselerma

Nota del Autor:

Por meses he pasado por buenos & malos momentos,
algunos de estos poemas fueron escritos con lagrimas en la hoja.

Hacer estos poemas fue mi manera de decirme a mi mismo,
que todo estará bien & ahora lo está.

Disfruten esta colección a pesar de su tamaño,
pero es el cuerpo de trabajo del que estoy más orgulloso.

Dedicatorias:

A un vato qué es a toda madre y me ha ayudado en mis momentos más tristes. Se llama Carlos Lerma y escribió este libro para mí.

El circo regreso

¡Ah! ¡El circo regresó!

Bienvenido de vuelta al segundo volumen,
¡Rápido! Busca asiento en frente.
Que pronto verás,
el desmadre emocional de este adolescente.

No fue suficiente la primera vez.
& esta vez no gastaremos papel.
¡Entonces ponte cómodo!

Ahora estas aquí,
¿Quién lo diría?
Estas a punto de ver una anomalía.

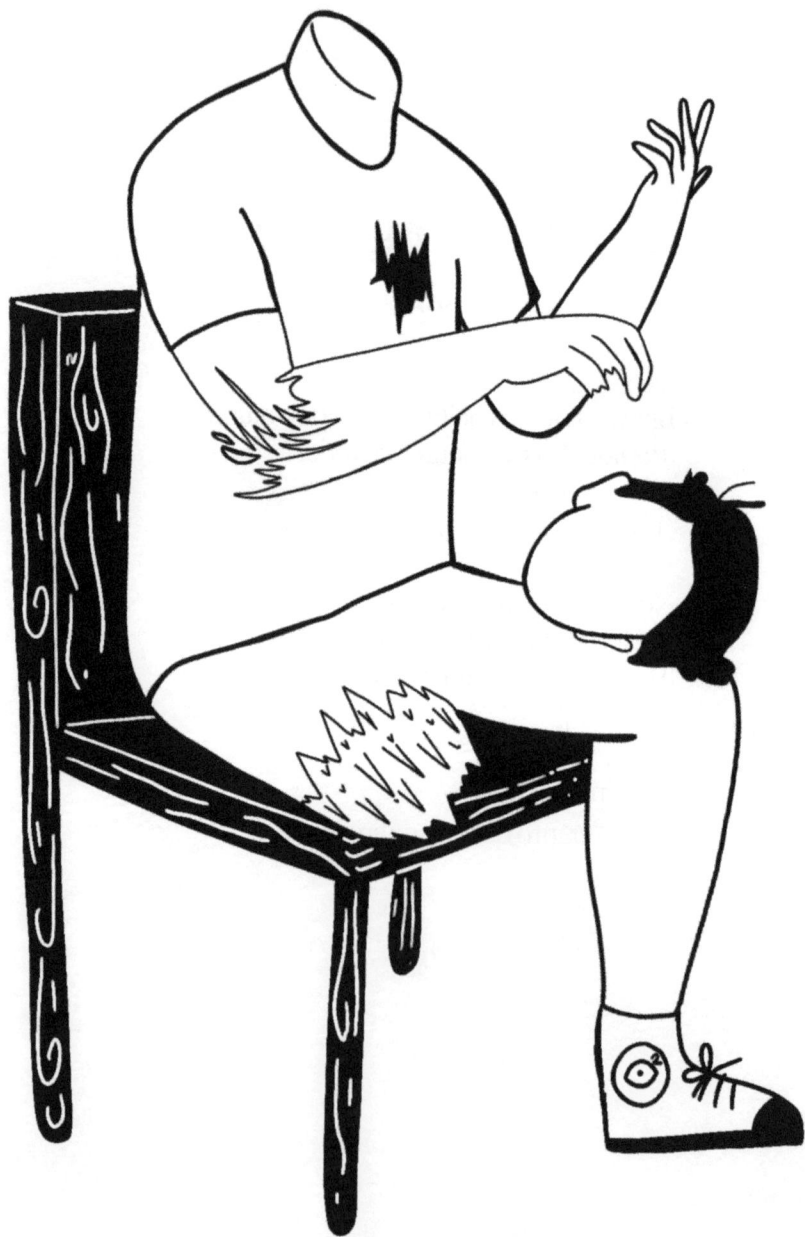

Niños Rotos

¿Por qué uno tras otro,
solo viene y va?
Alguien podría decirme,
¿A dónde chingados van?

Metiste el cuchillo y aprovechaste para retorcerlo,
claro que les contaste y no podrían perdérselo.

Estar solo me hace buscar
amigos desesperadamente.
Sería amigo de cualquiera,
hasta de los que daño quieren hacerme.

Llámame como quieras, amigo entre comillas.
tu me lanzaste sin paracaídas,
te creí tus disculpas como un pendejo,
pero mis oídos ya no caen por trucos viejos.

Dime una y otra vez que lo sientes
sigue hablando yo sé que mientes.

Usa mi nombre en conversaciones,
dispara y usa palabras como municiones,
gana la batalla, pierde la guerra,
mira tú castillo está en la tierra.

Niños rotos.
Quieren olvidarlas a ellas.
Niños rotos.
Matan tristeza con chelas.
Niños rotos.
Usan palabras para defenderse.
Niños rotos.
En su mente pueden perderse.
Niños rotos.
Hay más todos los días.
Niños rotos.
En uno me reflejaría.

i loved u

Tacha mi corazón
& muere en mi mente,
ya no te quiero aquí presente.

¿Sabes qué hicieron tus palabras?
Cada sílaba fue falsa.
Dientes escupen pura farsa.

¿Quién podrás ser?
Hoy y ahora,
dos caras, pero
una me adora.

La otra me dice:
"vete y corre".
Nunca fuiste una
princesa en la torre.

Cortado en partes,
fáciles de masticar.
Corazón vacío pero lleno el paladar.

Palabras con las que me rompiste,
todo el "amor que tu me diste",
al final solo fue un chiste,
ya después que tu huiste,
desde lejos ves lo que hiciste.

Piezas rotas en el piso.
Sobras de lo que destruiste,
teoría confirmada para el niño roto...
el amor no existe.

Yours Truly

Hogar

Un hogar,
es lo único que quiero.
Un hogar,
es lo único que pido.
Un hogar,
donde no me sienta perdido.

La soledad me hace buscar amigos
tan desesperadamente.
Sería amigo de cualquiera,
hasta de los que daño quieren hacerme.

¿No te haz cansado de mi aún?
O ¿Puedo quedarme aquí otro rato?
Sin hablar ni hacer preguntas,
"todo es mi culpa" ahora resulta.

Un hogar,
es lo único que quiero.
Un hogar,
es lo único que pido.
Un par de brazos abiertos
que me levanten del piso frío.

Casa de Cartas

Tenía a gente que no hablaría si yo estuviera ahí.
Susurros que escuché que por tiempo yo reprimí.
El amigo de sobra que al final me convertí.
Me tienes en el piso sin lugar a donde ir,
tira del gatillo esto ya hay que concluir.

En su punto les tocara.

Clávame el cuchillo y gíralo en su lugar,
dile a tus amigos que se vengan a observar.
Pero el tiempo pasa, mesas giran, se vuelve a barajar.
Dime ahora "amigo mío" ¿Qué carta vas a usar?

En esta casa de cartas, ¿Dónde está la salida?
En esta casa de cartas, las palabras son el arma homicida.
Fuerte el ladrido, pero ¿Qué tal la mordida?
Sigo mintiéndome diciendo "la novena es la vencida".

Soy tu tema favorito de conversación,
la gente me dice que no le preste atención,
es un chicle en el zapato, pierna dormida,
bebés llorando, mosca en bebida,
gente lenta, ruido en mi oído,
tantos comentarios no son divertidos.

Ustedes pusieron el voto y yo me tuve que ir,
todo este tiempo en tu casa de cartas y no me quise ir.
Mira que grande, mira que fuerte, mira que macizo,
di la verdad, mueve la mesa y ve cómo se cae al piso.

Esta historia fue larga y ni siquiera me sé el final,
el tipo de historia donde muere el personaje principal,
entonces no te debí dar entrada en mi vida,
supongo que es una lección aprendida.

Ahora tengo miedo a dar más bienvenidas.

Se acabo el juego.

Anomalía

Las palabras se regresan,
vi cómo las lanzaste desde allí.
Creo que usaste mucha fuerza,
las palabras viejas me desinteresan.

No quisiste hablarlo frente a frente,
ahora dime qué se siente.
Ese sentimiento para mi es familiar,
aunque tú lo pienses esto no pasó al azar.

Con mi nombre jugaron,
eso daño me hacía.
¿Ustedes eran los malos?
o ¿Yo la anomalía?

Sentimientos familiares,
anomalía.

Todo en la vida da vuelta.
¿Como no te diste cuenta?
Errores del ayer ya regresaron
a cobrar la cuenta.

Me quitaron todo lo que me hacia feliz.
Puedo decir que nos hicimos daño,
intente cambiar todo este año,
pero ustedes se pudrieron hasta su raíz.

Yo fui:

Él vodevil
que aplausos
no pudo conseguir.

La máscara
que a nadie hace
sonreír.

La *anomalía*
de la que querían
huir.

No sere quién dicen que soy.

El cuchillo doble filo
que termino en tu propia espalda.
Hace que no necesites explicarme nada.

¿Quieres entender verdaderamente?
Habla conmigo personalmente.
No hables con personas que nada saben.
No tardaran en que te entierren.

Tiempos donde yo era la anomalía,
son días pisados que están atrás.
¿Sabes cómo se siente?

Sentimientos familiares,
anomalía.

Cerebro

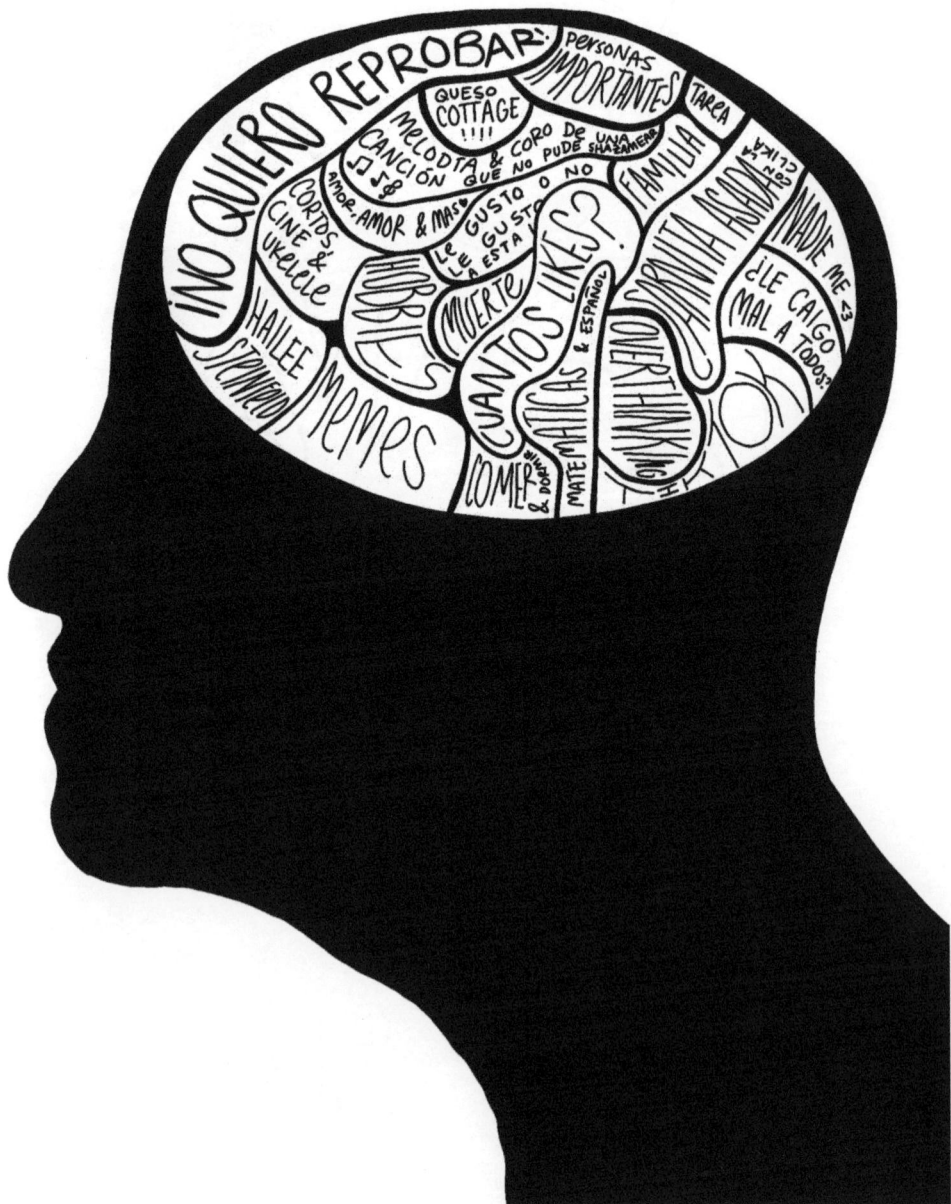

Mariposas

Era un
día perfecto,
ningún defecto.
Impecable
en cada aspecto.

Yo solo quería crecer
y verte hacer lo mismo.
Vivir la vida
a nuestro propio ritmo.

Solo quería lo mejor:
bonita cena & vino,
los dos, restaurante fino,
tomarnos de las manos,
contarte chistes malos.

Mariposas en el estómago,
pero sin embargo,
las mariposas no viven por siempre.

Heriste a mis mariposas,
mataste a mis mariposas,
inténtalo arreglar aunque así ya están las cosas.

Era un día perfecto,
hasta que encuentre el defecto,
imperfecto en cada aspecto.

Los corazones rotos al igual que las mariposas,
no duran por siempre.

Monstruo

Monstruo no quiere comida,
Monstruo quiere atención,
Monstruo no quiere ir, pero
Monstruo quiere invitación.

Monstruo, así me ves.
Aunque así no es.

Monstruo quiere salir,
Monstruo tiene miedo,
Monstruo tendrá que huir,
si a Monstruo le pasa de nuevo.

Monstruo gustarle su cueva,
aunque ame ver el sol.
Monstruo querer ir afuera
y conocer el descontrol.

Monstruo esperará a otro día,
cuando la ocasión esté mejor.

tiktok famous

bruh solo quiero ser tweet-star o tiktok famous,
eso es todo, ¡Pasa a la siguiente pagina!

Poe esta temblando con el poema "tiktok famous" yo lo sé.

Juegos

Pensé que éramos amigos,
pero al parecer me equivoqué.
No sabía que me estaba ahogando
hasta el fondo toqué.

Y aunque digas que no era tu intención,
fue mi error por darte toda mi atención.

Me equivoqué pensando
que al darte todo de mí tú harías lo mismo.
Pusiste todo en una caja
y sin pensar dos veces cayó en tu abismo.

Y he estado diciendo que estoy mejor que nunca,
pero siento que perdí la cabeza.
Si piensas que derrumbando a alguien
te sentirás mejor, dime ¿Por qué sigues tan infeliz?

Pisto

Cuando tengo el corazón pesado,
sabiendo que nací para perder.
Solo hay una cosa para olvidar,
es ir con tus amigos a beber.
Dándole a la gente de qué hablar.

Una última noche, una última vez,
una más y vi todo al revés.
La gente dice que tomo demasiado,
aunque no es razón para parar.

La gente dice que llegué al fondo
solo porque siempre le doy al fondo.
Cuando un corazón roto tenga sed,
solo saca otra botella de la pared.

Estando sobrio es cuando te extraño,
pensar tanto ya me empezó a hacer daño.
Corazones rotos solo quieren olvidarlas a ellas,
corazones rotos matan tristeza con chelas.

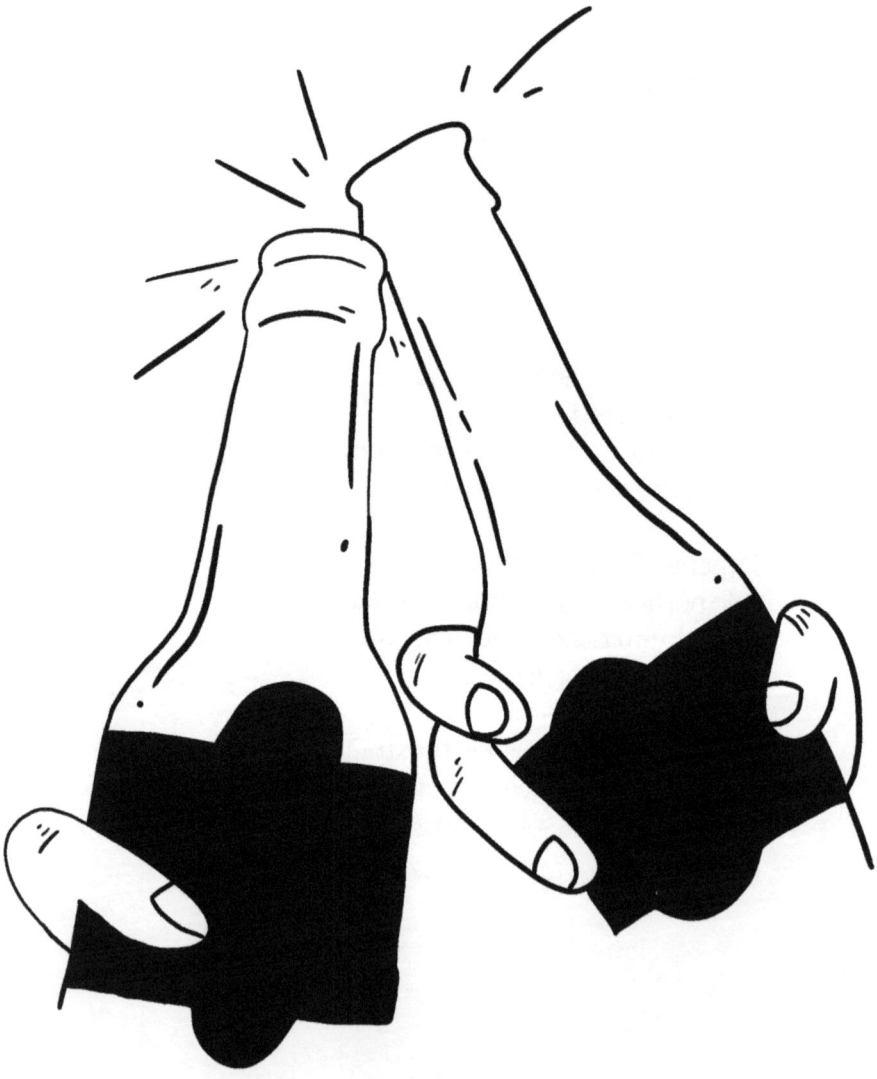

Solitario

(Basado en el cortometraje)

Apartamento en París, moderno & grande,
luces bonitas y grandes cuadros en su mural.
Lo que no estaba bonito por cierto,
es que se encontraba en la segunda guerra mundial.

Sin poder darse cuenta murió.
Una bomba en el edificio.

Él, atrapado entre mundos,
tenía muchos pendientes en el mundo.
Su fantasma se quedó en las paredes destruidas.

Pasaron décadas hasta que el lugar era como antes,
hasta una joven bella quiso mudarse,
el joven fantasma contento de ya no solo estar,
nunca con ella se podrá comunicar.

Aburrido eternamente,
en ese gran apartamento.
Había una cantidad de cosas que podría hacer,
para pasar cada momento.

Prendía y apagaba focos,
jugaba con las llaves.
Puede sonar macabro,
el pobre solo podía columpiarse en el candelabro.

¿No encuentras las tuyas?
Hay un fantasma en tus paredes.

Bailaba a la música que ponía,
y no me mal interpreten,
el cada intento hacía,
de poder salir.

Solo veía la luna bajar & el sol subir,
luego la luna subir & el sol bajar.
Se preguntaba cuándo podría salir.

Un día diferente a los demás,
ella no podía encontrar sus llaves,
fue él por supuesto quien jugo con ellas,
pie en falso y terminaría con ella.

El candelabro cayó sobre ella, matándola.
Ella estando ya del otro lado, lo pudo conocer.
Le contó todas las cosas que él quiere hacer.

El joven, ahora con propósito y su nueva amada.
Salieron del apartamento así de la nada.

Introvertido

La harmonía entre mi cuarto y yo,
es como el limón y sal.
Solo soy yo y estas cuatro paredes,
como una araña en sus redes.

Hoy me invitaron a una fiesta y yo no quiero ir,
soy tan flojo que yo ni permiso quise pedir.

Yo no sé si sea introvertido,
si esto sea parte de un problema mayor...
pero al final no pasa nada,
siempre habrá otra carne asada.
Y a veces pienso que si no voy está mejor.

A veces me gusta sentarme,
& ver el mundo pasar.
Entonces aquí en mi casa,
me voy a quedar.

Dieciséis

Soy un wey de dieciséis,
soy una piedra de papel
me pongo triste por que tú,
le diste un abrazo a él.

Tal vez tengas razón,
me da miedo que todos sepan,
cuales mis canciones favoritas son.

Soy un niño grande,
ya tomo cerveza,
es mejor estar en el momento,
que sentado en mi cabeza.

Soy de los que aman al cien,
y que solo reciben cincuenta.
Desde que yo te veía,
sin que tú te dieras cuenta.

Tengo muchos malos pensamientos,
demasiados como para dormir.
Hay días donde amo vivir
& otros donde prefiero morir.

Que digo me da miedo la muerte

Soy un wey de dieciséis,
al gimnasio estoy yendo,
digo que estoy fuerte,
pero solo estoy fingiendo.

Días azules,
noches grises,
¿Que se necesita
para solo ser felices?

Estar solo me hace buscar
amigos desesperadamente.
Sería amigo de cualquiera,
hasta de los que daño quieren hacerme.

Nunca exhausto en mi cama.

Pero no importa
donde estoy, donde estés,
no hay pedo,
tengo dieciséis.

¿Qué se sentirá tener 17?
Hoy cumplo años.

Redes antisociales

Me encanta enseñar mi sonrisa,
pero me da miedo subir cuando lloro,
pero de tener followers a ser olvidado,
es mejor estar nadando en oro.

Carlos Lerma @carloselerma

¡Mis analíticas miden mis likes & comentarios!
Además de como me siento a diario,
¿Quieres hacerme sentir mejor?
¡Da like y comment por favor!

💬17 ♡6 ↻12

Veo mi celular antes que el sol,
todos los días se siente como una audición,
para un papel que no sé si quiero en realidad.
La "mírame a mí" sociedad,
acéptenme, denme su hospitalidad.

Estaré esperando afuera
estoy solo necesito ayuda,
abre la puerta
& entraré como gato en la lluvia.

Busco felicidad en el vacío de una pantalla,
me rompo & destruyo
sin saber cuándo me pasé de la raya.

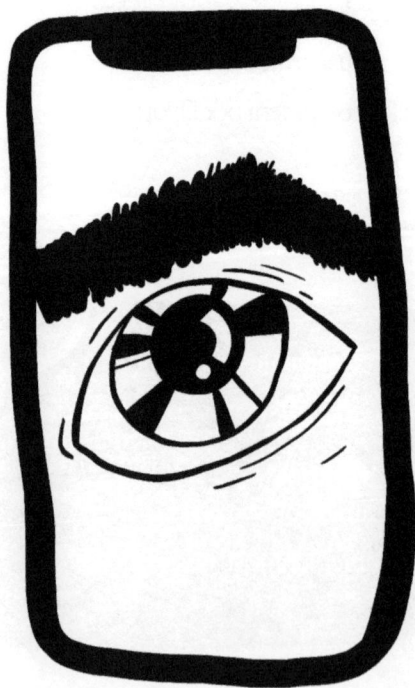

Quote

Nunca dejes que alguien sea la razón por la que despiertes.

#deep

?

Hoy es el día
donde me di por vencido,
en él "tal vez".
Ya pasó una
& otra & otra vez.

He preguntado demasiadas veces,
sé que pueden sonar como estupideces,
odio preguntar si te quedarías,
pero la lección la aprendí,
si tengo que preguntar, es un hecho que no lo harías.

Haz de tus Tragedias una Obra de Arte

Fred miraba cada detalle,
cada pelusa, cada foco
cada candado con su llave.

Fred tenía las puertas cerradas
en su vida amorosa.
¿Última pareja?
Esa es una memoria borrosa.

Constancia por el otro lado,
tenía puertas abiertas,
al igual que las de su casa,
porque olvidaba cerrarlas.

Se amaban, si es lo que querían escuchar,
hacían todo juntos y vivían felices.
Gracias a ella, el días grises ya no conocía,
ella decía te amo, con los extremos de su boca
inclinados hacia arriba.

Fueron descubriendo poco a poco
que no eran el uno para el otro,
pasó de miradas a alborotos

Su vida pasó de ser perfecta,
a ella decir "te amo"
con su boca en línea recta.

Fred la extrañaba,
demasiado.
Fred la extrañaba,
pero solo cuando sobrio.

Entonces se rehusó a estarlo,
a que ella regresara siempre estuvo esperando.
Dejó la puerta abierta,
con esperanzas de su regreso.

Sus métodos de olvido hacían conclusiones,
¿Eran los problemas? o ¿eran las soluciones?
Se sentó en el piso, mirando ilusiones.

Pasando años,
con una vida ahora borrosa
y además siendo viejo ahora

Solo en la habitación vio una botella
no quiso dejarla sola, no quiso ser grosero
y pensó que haría un bonito florero.

Cliche

Ella era un poema,
pero él no sabía leer.

#deep

Girasol

Desde niño me da miedo ser excluido.

¿Puedo jugar? ¿Puedo entrar?
¿Que tal les suena?
        -mmm... no.
Entonces espere afuera de la caja de arena.

¿Puedo ir con ustedes?
        -No tontuelo, no tienes invitación.
Era broma jaja, mejor a la siguiente ocasión.

¿Me puedo sentar aquí?
o ¿ya está alguien sentado?
Después de ver quien llenaba el cupo,
no sabía que había un fantasma en el grupo.

¿Te caigo bien?
¿Te siento un poco raro?
o idk solo estoy sobre-pensando.

Estuve detrás de ellos.
Por días, meses, años.
Yo los conocía a ellos,
pero para ellos yo era un extraño.

Me fui en la dirección opuesta
y miré si alguien daba la vuelta,
no estaba tan mal la circunstancia
solo estaba solo en el camino
escuchando risas a la distancia.

No me di cuenta
de que era un estúpido girasol,
cegado por una linterna,
cuando el sol estaba a la vuelta.

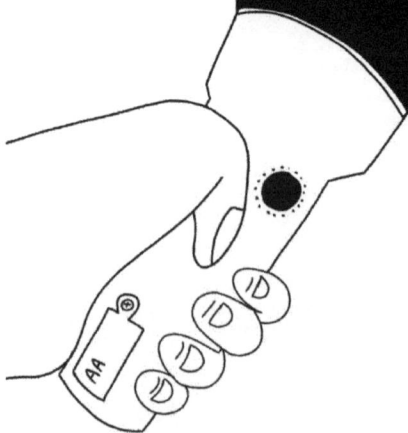

Amarillo

Pensaba que era una anomalía,
llegué a pensar que en mi cabeza me perdí.
Pensaba que yo nunca encontraría
personas que me quisieran aquí.

¡Pero al parecer me equivoque!
¡Menos mal que yo escribí con lápiz!
¡Adiós casas de cartas, hola sol feliz!
¿Qué es este sentimiento alegre?

¡Perdón pero amarillo ando!
La situación solo va mejorando,
de introvertido a no poder estar encerrado,
ya por fin vivo lo que he estado soñando.

Felicidad fuera de lo regular,
este libro, mi ropa y mi celular.
Y aunque me llueva un día completo,
después saldrá el sol contento.

Cuando no sonaba un grillo,
no vi los rayos de sol en mi bolsillo,
ya esquivé las balas de tu gatillo.
¡Sanaron las cicatrices del cuchillo!
Espero les llegue esta explosión de amarillo.

Pensaba que era una anomalía,
que el universo no me quería aquí,
pensaba que yo nunca encontraría,
personas que me quisieran aquí.

Por primera vez tengo poema alegre,
¿Cómo estas? ¡Feliz de verte!
¡De una casa de cartas salí muy fuerte!
¡Si me mostraras el futuro no podría creerte!
No puedo detenerme estoy amarillo,
este día no lo destruye ningún martillo.

No saben cuanto amo estas amistades mías,
¡Ustedes me hacen sentir que puedo tocar las nubes!
¡No espero a estar grandes y que nos saquen de los clubes!
Hacer buenas historias de malos días.

Perdón pero ando amarillo.

¿Fin?

Si pudiera describir esta colección de poemas en una palabra sería dolor. Los poemas fueron inspirados en dolor & sacaron algo feliz o triste.

Agradezco que pudieran alcanzar el final.
Espero les haya gustado.

Con esto cierro completamente un capitulo muy largo de mi vida. Es hora se seguir adelante.

Continuado en
Volumen 3

Lightning Source UK Ltd.
Milton Keynes UK
UKHW040919270620
365672UK00002B/464